LA
NATIONALITÉ FRANÇAISE
EN ALGÉRIE & EN TUNISIE
D'APRÈS LA LÉGISLATION RÉCENTE

(Loi du 26 juin et Décret du 13 août 1889
Décret du 29 juillet 1887)

PAR

EUGÈNE AUDINET
PROFESSEUR AGRÉGÉ A LA FACULTÉ DE DROIT D'AIX

ALGER

ADOLPHE JOURDAN, LIBRAIRE-ÉDITEUR
IMPRIMEUR-LIBRAIRE DE L'ACADÉMIE
4, PLACE DU GOUVERNEMENT, 4

—

1890

LA
NATIONALITÉ FRANÇAISE

EN ALGÉRIE & EN TUNISIE

D'APRÈS LA LÉGISLATION RÉCENTE

(Loi du 26 juin et Décret du 13 août 1889
Décret du 29 juillét 1887)

PAR

Eugène AUDINET

Professeur agrégé a la Faculté de droit d'Aix

ALGER

ADOLPHE JOURDAN, LIBRAIRE-ÉDITEUR

IMPRIMEUR-LIBRAIRE DE L'ACADÉMIE

4, PLACE DU GOUVERNEMENT, 4

1890

LÀ NATIONALITÉ FRANÇAISE

EN ALGÉRIE & EN TUNISIE

D'APRÈS LA LÉGISLATION RÉCENTE

(LOI DU 26 JUIN ET DÉCRET DU 13 AOUT 1889
DÉCRET DU 29 JUILLET 1887)

La loi sur la nationalité française, promulguée le 26 juin dernier, répond à des vœux souvent exprimés, et exercera une influence salutaire sur l'avenir de l'Algérie (1).

C'est en 1882 que M. Batbie avait déposé sur le bureau du Sénat la proposition de loi que les Chambres viennent de voter; son auteur n'avait guère voulu que grouper, compléter et éclaircir sur certains points des dispositions éparses dans des textes trop nombreux; mais, remaniée successivement par le Conseil d'État, le Sénat et la Chambre des députés, la loi est sortie de ces transformations avec une toute autre portée. Ses principales dispositions ont pour but de fondre progressivement dans la masse de la population française les étrangers établis à demeure dans notre pays, qui y trouvent à peu près les mêmes avantages que les nationaux, tout en échappant à leurs plus lourdes obligations, particulièrement au service militaire.

Or, l'application de cette loi ne sera nulle part plus fréquente et plus utile qu'en Algérie. Dans notre colonie, en effet, les étrangers forment presque la moitié de la population européenne : cette proportion est même dépassée dans la

---

(1) La loi du 26 juin 1889 peut se diviser en deux parties. La première est tout entière fondue dans le Code civil. Elle se compose de l'art. 1, qui modifie les art. 7 à 10, 12 et 13, 17 à 21 du Code civil; la deuxième comprend les art. 2 à 6, qui restent en dehors du Code. Nous citerons les articles modifiés du Code civil de la façon suivante : C. civ. art... N. R... et les autres articles de la loi par leur numéro.

V. le texte de la loi dans la *Revue Algérienne,* 1889. 3. 85.

province d'Oran, et leur nombre s'accroît plus rapidement que celui des Français. Il y a là un péril dont la gravité est depuis longtemps reconnue. Pour le conjurer, on ne peut songer à des mesures restrictives, qui éloigneraient les étrangers de l'Algérie, au grand détriment de la colonisation ; c'est en en faisant des Français qu'il faut diminuer leur nombre. Le sénatus-consulte de 1865 n'y a pas réussi : les étrangers n'ont pas profité de la naturalisation plus facile qui leur était offerte. Pour obtenir un résultat, il est nécessaire, non pas d'imposer, mais de conférer d'office à ceux qui sont nés en Algérie la nationalité française : c'est la pensée qui avait inspiré un projet de loi élaboré en 1884 par l'École de droit d'Alger (1) et transmis par le gouverneur général au garde des sceaux. Ni le gouvernement, ni le Sénat (2) n'avaient tout d'abord voulu l'accepter. La Chambre des députés en avait été saisie par un député d'Alger (3), quand le vote définitif de la loi sur la nationalité a consacré, pour la France entière, le principe dont on réclamait, en Algérie, une application particulière. Une législation spéciale est devenue dès lors inutile à cet égard ; il a suffi de soumettre l'Algérie au droit commun. C'est ce qu'a fait la loi nouvelle, mais en même temps elle a respecté, pour la naturalisation, le régime exceptionnel qu'elle a trouvé établi en Algérie.

Son art. 2 est ainsi conçu :

« La présente loi est applicable à l'Algérie et aux colonies de » la Guadeloupe, de la Martinique et de la Réunion.

» Continueront toutefois de recevoir leur application, le sé-» natus-consulte du 14 juillet 1865, et les autres dispositions » spéciales à la naturalisation en Algérie. »

La nationalité française se trouve ainsi, en Algérie, soumise à deux lois différentes : la loi du 26 juin 1889, complétée par le décret du 13 août de la même année ; le sénatus-consulte du 14 juillet 1865 et ses annexes (4).

---

(1) *Étude sur la naturalisation des étrangers en Algérie*, par M. Alfred Dain — suivie du projet préparé par l'École de droit. — *Revue algérienne*, 1885. 1. 1.

(2) Sénat, séance du 7 février 1887. — Rejet de l'amendement de MM. Jacques et Forcioli. — *Journ. off.* du 8 février.

(3) Proposition de loi déposée par M. Letellier à la Chambre des députés, le 25 janvier 1887. — *Journ. off.* Documents parlementaires. — Chambre. — Session ordinaire de 1887, p. 265.

(4) Décret du 5 mai 1866, art. 11 à 20.

Nous étudierons d'abord les innovations de la loi nouvelle qui offrent en Algérie le plus d'intérêt, et nous rechercherons comment elle doit se combiner avec le sénatus-consulte de 1865 : c'est notre but principal.

Dans une seconde partie, nous rapprocherons de la législation en vigueur en Algérie celle qui régit en Tunisie la nationalité française, et particulièrement le décret du 29 juillet 1887, sur la naturalisation dans la Régence de Tunis.

§ I

ALGÉRIE

Nous ne voulons pas analyser ici toutes les dispositions de la nouvelle loi; nous nous contenterons d'en signaler les deux points de beaucoup les plus importants en Algérie : la nationalité des individus nés en France de parents étrangers; l'acquisition de la nationalité française.

I. *Nationalité des individus nés en France de parents étrangers.*

Les effets de la naissance sur le sol français ont toujours été régis en Algérie par le droit commun : le Code civil et les lois qui l'ont modifié ou complété (1). La loi du 26 juin et le décret du 13 août sont donc, sur ce point, entièrement applicables dans la colonie. Tout ce qu'ils disent de la France doit aussi s'entendre de l'Algérie.

Dans notre ancien droit, et jusque pendant la période révolutionnaire, tout individu né en France était Français *(jus soli)*. Le Code civil consacra le principe opposé *(jus sanguinis)* : pour être Français il fallut être né de parents français; l'étranger né en France eut seulement le droit, en venant y fixer son domicile, de réclamer à sa majorité la nationalité française (C. civ., art. 9). Ce système est irréprochable en théorie; l'expérience a montré qu'il présente, dans la pratique, un sérieux inconvénient : c'est que les étrangers nés et domiciliés en France ne réclament jamais la qualité de Français, et, de fait, souvent même de droit, restent sans nationa-

---

(1) Loi des 22-25 mars 1849. — Loi des 7-12 février 1851, art. 1.

lité. Pour remédier à cette situation, les lois du 7 février 1851 et du 16 décembre 1874 ont déclaré Français tout individu né en France d'un étranger qui lui-même y est né. Cela n'a pas suffi ; en France, comme en Algérie, on demandait d'aller plus loin et d'appliquer, dès la première génération, la règle qu'on n'avait suivie que pour la seconde : c'est ce que fait la nouvelle loi. D'après l'art. 8 (N. R.) du C. civ., les individus nés en France de parents même étrangers sont Français, mais leur situation n'est pas toujours la même, et il faut les diviser en trois catégories :

1° Individus nés en France d'étrangers qui eux-mêmes y sont nés (C. civ., art. 8-3°. N. R.). Ils sont Français définitivement et sans pouvoir abdiquer cette qualité. Le droit d'option que leur accordaient les lois de 1851 et de 1874 est supprimé ; ceux même qui étaient déjà nés lors de la promulgation de la loi ne pourront plus l'exercer à l'avenir.

Cette innovation ne nous paraît pas suffisamment justifiée : la loi impose ainsi la nationalité française à des étrangers que le hasard seul peut avoir fait naître en France aussi bien que leurs parents ; elle est d'ailleurs, pour l'avenir, sans grande utilité : la plupart du temps, comme nous allons le voir, les étrangers nés en France resteront Français et transmettront cette nationalité à leurs enfants.

2° Individus nés en France d'étrangers qui n'y sont pas nés (C. civ., art. 8-4°. N. R.). — Ils sont Français, mais à la condition d'être domiciliés en France à leur majorité : ce sont en effet les individus établis en France, et non pas ceux qui y sont simplement nés, qu'il est utile de déclarer Français. De plus, ils peuvent, avant l'expiration de l'année qui suit leur majorité, abdiquer cette qualité, pour réclamer la nationalité de leurs parents.

La loi ne leur impose pas la nationalité française, mais elle renverse, pour ainsi dire, le système du Code civil. D'après le Code, les étrangers nés et domiciliés en France doivent, pour devenir Français, en manifester expressément l'intention : c'était souvent par ignorance ou par négligence qu'ils ne remplissaient pas cette formalité ; aujourd'hui, c'est pour cesser d'être Français qu'ils doivent déclarer leur volonté : on espère qu'ils s'en abstiendront. Cette même force d'inertie qui les tenait éloignés de nous servira, au contraire, à les en rapprocher.

Ces individus sont Français sous deux conditions résolutoires : — Qu'ils soient domiciliés en France à leur majorité ;-

— Qu'ils ne réclament pas, à cette époque, la nationalité de leurs parents. Ils perdent donc dans deux cas la nationalité française :

a) Si, au moment de leur majorité, leur domicile est fixé hors de France. Aucune déclaration n'est alors exigée d'eux. Ils sont réputés n'avoir jamais été Français ; c'est ce qui résulte des termes mêmes de la loi :

« Sont Français... : 1° Tout individu né en France d'un » étranger et qui, à l'époque de sa majorité, est domicilié » en France....»

b) Ils peuvent encore perdre la nationalité française en réclamant expressément celle de leurs parents.

Ils deviennent alors étrangers, tout en conservant leur domicile en France.

Leur déclaration est reçue par le juge de paix du canton où ils résident, et, à l'étranger, par les agents diplomatiques ou consulaires français (1). Elle est soumise à plusieurs conditions :

— Elle doit être faite dans l'année qui suit la majorité, telle qu'elle est fixée par la loi française, ou, plus exactement, comme nous le verrons, au moment de l'appel sous les drapeaux, qui aura lieu généralement avant l'expiration de l'année qui suit la majorité (2). D'autre part, le mineur peut renoncer, par anticipation, au droit qui lui appartient de réclamer, à sa majorité, la nationalité étrangère : la déclaration en est faite pour lui par son père, sa mère, ou son tuteur autorisé par le conseil de famille (3).

— Le réclamant doit prouver qu'il a conservé la nationalité de ses parents, au moyen d'un certificat délivré par le gouvernement de son pays : formalité empruntée à la loi du 16 décembre 1874 et qu'il n'est pas toujours facile de remplir. Il doit également justifier qu'il a satisfait à la loi militaire de son pays d'origine, — s'il y a lieu, c'est-à-dire si cette loi lui impose certaines obligations. Cette exigence nouvelle préviendra le calcul de ceux qui déclineraient la nationalité française pour s'exempter, en France, du service qu'ils n'accompliraient pas non plus dans leur pays.

L'option pour la nationalité étrangère produit un effet rétroactif. La qualité de Français est perdue dans le passé aussi bien que pour l'avenir. Cela résulte des termes de la loi :

---

(1) Décret du 13 août 1889, art. 6 (*Rev. Alg.* 1889. 3. 127.)

(2) Loi militaire du 15 juillet 1889, art. 11 *(Rev. Alg.* 1889. 3. 90.)

(3) Décret du 13 août 1889, art. 11.

« Sont Français... tout individu né en France d'un étranger...
» à moins que, dans l'année qui suit sa majorité... il n'ait
» décliné la qualité de Français. » Donc, si cette condition
résolutoire se réalise, il n'est pas Français et ne l'a jamais été ;
Ces expressions, d'ailleurs, sont empruntées à la loi du 7
février 1851, qui a toujours été interprétée en ce sens ; enfin,
s'il en était autrement, l'individu né en France aurait été
Français, contre sa volonté, jusqu'à sa majorité : ce que le
législateur n'a pas voulu.

Les étrangers déjà nés en France et encore mineurs sont
devenus Français par la promulgation de la loi ; elle a voulu
remédier, dès à présent, à une situation dangereuse, et elle
n'atteindrait pas son but si elle ne s'appliquait qu'aux enfants
à naître ; d'ailleurs le texte s'exprime au présent : « Sont Fran-
» çais... » (1). Quant aux individus déjà majeurs lors de la
promulgation de la loi, ils ont passé l'âge où ils pourraient
décliner la nationalité française, et, comme elle ne saurait
leur être imposée, ils resteront définitivement étrangers.

3° Individus nés, sur le territoire français, de parents
étrangers qui n'y sont pas nés, et qui, à leur majorité, ne sont
pas domiciliés en France (C. civ., art. 9. N. R.). — Ils sont
réputés étrangers de naissance ; mais l'ancien art. 9 C. civ.
est maintenu, à leur profit, avec quelques modifications. Ils
ont le droit d'acquérir la nationalité française. Pour cela, ils
doivent faire, devant nos agents diplomatiques ou consulaires
à l'étranger, leur soumission de fixer leur domicile en France,
s'y établir effectivement dans l'année qui suit et réclamer
expressément la qualité de Français, par une déclaration que
reçoit le juge de paix (2).

Cette déclaration doit être faite avant l'âge de 22 ans, c'est-à-
dire avant l'expiration de l'année qui suit l'âge de la majorité,
tel qu'il est fixé par la loi française ; elle peut être faite pour les
mineurs par leur père, leur mère, ou leur tuteur autorisé du
conseil de famille.

Elle n'a pas d'effet rétroactif. La qualité de Français n'est
acquise que pour l'avenir (C. civ., art. 20. N. R.). Sous l'empire
du Code civil, la jurisprudence s'était prononcée, à tort croyons-nous, en sens contraire (3).

---

(1) Ces expressions sont reproduites de la loi de 1851, qui était interprétée en ce sens. V. de Folleville, *De la naturalisation*, p. 142 ; Douai, 18
déc. 1854, Sir. 55. 2. 263.

(2) Décret du 13 août 1889, art. 6 à 9,

(3) V. cep., pour la solution que la loi a adoptée, Alger, 2 déc. 1886.
(*Rev. Alg*, 1886. 2. 449).

La législation antérieure (1) permettait à l'étranger né en France de réclamer à tout âge la nationalité française, s'il avait satisfait à la loi du recrutement : c'était une faveur accordée à des individus qui avaient montré leur attachement à la France et qui peut-être se croyaient Français. La loi présente se place à un autre point de vue. Préoccupée d'accroître le nombre des Français, elle décide que tout étranger né en France qui satisfait à la loi du recrutement sans exciper de son extranéité est irrévocablement Français.

Il faut ici combiner là loi sur la nationalité avec la loi militaire du 15 juillet 1889, qui est applicable, sous certaines réserves, en Algérie (2). D'après son art. 11, « Les individus » nés en France d'étrangers et résidant en France sont portés, » dans les communes où ils sont domiciliés, sur les tableaux » de recensement de la classe dont la formation suit l'époque » de leur majorité telle qu'elle est fixée par la loi française... » (3). Ils peuvent alors soit réclamer contre leur inscription, en invoquant leur extranéité, au plus tard lors de leur convocation au conseil de révision, soit s'abstenir de réclamer ; d'autre part, ils peuvent, à ce moment, ou bien être étrangers, ou bien être Français, sous condition résolutoire, par suite de leur naissance en France.

Ils sont étrangers. Le fait de se soumettre au tirage au sort équivaut alors pour eux à la déclaration prévue par l'art. 9 du C. civ., et ils deviennent Français ; si, au contraire, ils se font rayer de la liste du recrutement, ils sont déchus, bien que l'année qui suit leur majorité ne soit pas encore écoulée, du droit de réclamer la nationalité française. C'est la seule hypothèse qu'aient prévue la loi sur la nationalité et la loi militaire ; elle sera cependant infiniment rare. En effet, si les individus nés en France d'étrangers y sont domiciliés, ils sont Français sous condition ; s'ils n'y sont pas domiciliés, ils ne doivent pas être portés sur les tableaux du recrutement et ce n'est que par erreur qu'ils peuvent y figurer.

Ils sont Français, mais ont le droit de réclamer une natio

---

(1) Loi du 25 mars 1849.

(2) Cf. art. 81.

(3) V. le texte complet de cet article *Rev. Alg.* 1889. ¡3. 92. Bien que la loi militaire ait été promulguée plusieurs semaines après la loi sur la nationalité, elle se réfère, par une inadvertance évidente, à la législation antérieure. On ne peut donc appliquer l'art. 11 qu'avec les changements que la dernière loi a rendus nécessaires. Par exemple, son § 1 ne peut s'appliquer qu'aux individus déclarés Français, en vertu de l'art. 8-4° C. civ. (N. R.).

nalité étrangère. Le cas n'est pas prévu, mais il faut admettre *a fortiori* qu'en se soumettant au tirage au sort ils perdent le droit d'abdiquer la qualité de Français. S'ils veulent se faire rayer, ils doivent réclamer la nationalité étrangère en observant les conditions que nous avons indiquées précédemment. Ainsi, comme on l'a déjà observé, le délai qui leur est accordé pour prendre parti ne dure pas toute l'année qui suit leur majorité ; il expire lors de la convocation devant le conseil de révision.

Dans les deux cas, le fait de se soumettre à la loi du recrutement est considéré comme une adhésion tacite, mais énergique, à la nationalité française. Il serait contradictoire de se soumettre à la plus lourde charge qui pèse sur les Français et de vouloir, en même temps, rester étranger.

Cette règle ne s'appliquera pas cependant à une catégorie d'étrangers nombreuse en Algérie. D'après le traité du 6 janvier 1862, les Espagnols domiciliés en France y doivent le service militaire, s'ils ne prouvent pas l'avoir accompli en Espagne, et il en est de même, réciproquement, des Français domiciliés en Espagne. Les Espagnols qui se soumettent en France au service militaire ne peuvent être présumés accepter la nationalité française, puisqu'ils y sont assujettis comme Espagnols ; il résulte de là, à notre avis, que, même après le tirage au sort et le conseil de révision, ils peuvent décliner la nationalité française, jusqu'à l'expiration de l'année qui suit leur majorité ; et, d'autre part, il leur suffira, pour y être admis, de prouver qu'ils ont satisfait en France à la loi militaire (1).

En résumé, la plupart des individus nés de parents étrangers et domiciliés en Algérie seront désormais Français ; il est permis de croire qu'ils n'useront pas souvent du droit de réclamer la qualité d'étrangers. Mais, pour connaître exactement leur condition, il reste à savoir si, Français d'après la loi française, ils n'auront pas quelquefois une autre nationalité d'après la loi du pays de leurs parents. Cette coexistence de deux nationalités pourrait soulever des difficultés entre la France et les autres États, qui prétendraient protéger ceux qu'ils considéreraient toujours comme leurs sujets, ou réclamer d'eux certaines obligations. La solution de cette question se trouve dans les lois étrangères. Nous passerons en revue

---

(1) Signalons, en passant, une autre conséquence du traité de 1862 : les Français domiciliés en Espagne ne perdront pas la nationalité française pour avoir fait dans ce pays leur service militaire.

celles qui régissent les groupes les plus nombreux en Algérie : les Italiens, les Espagnols, les Maltais et les Allemands.

Italiens. — Les Italiens établis, même à perpétuelle demeure, en Algérie, et leurs enfants à toutes les générations conservent leur nationalité. Ils ne peuvent la perdre que par une déclaration expresse qui sera, sans doute, fort rare. Toutefois, ceux qui auront effectivement accompli en Algérie le service militaire (et ce sera la grande majorité) (1) cesseront par le fait même d'être Italiens. Ils deviendront Français (2).

Espagnols. — Comme les Italiens, les Espagnols fixés en Algérie conservent leur nationalité, et leurs enfants sont Espagnols d'origine. Toutefois, d'après l'art. 19 du Code civil espagnol, « les enfants de père ou de mère espagnols, nés » hors d'Espagne, doivent déclarer, dans l'année qui suit leur » majorité ou leur émancipation, s'ils veulent jouir de la qua- » lité d'Espagnols que leur accorde l'art. 17...... Ceux qui se » trouvent à l'étranger feront cette déclaration devant les »· agents diplomatiques ou consulaires du gouvernement » espagnol. » Il paraît bien résulter de là que, à moins d'accomplir cette formalité, ils ne seront pas considérés comme Espagnols. Le conflit sera donc bien rare entre la loi espagnole et la loi française. — Il ne pourrait se produire que si un individu avait fait devant les agents espagnols la déclaration nécessaire pour jouir de la nationalité espagnole et avait négligé de faire devant les autorités françaises celle qui est requise pour perdre la qualité de Français (3).

Anglo-Maltais. — La loi anglaise permet à toute personne née à l'étranger d'un père sujet de l'Angleterre de renoncer à la nationalité britannique, lorsque la loi du pays où elle est née lui en confère une autre. Cette renonciation résulte d'une déclaration expresse, faite à l'époque de la majorité.

Les Maltais nés en Algérie ont ainsi un moyen de se mettre en règle avec la loi anglaise et de ne conserver que la nationalité française. On peut craindre, il est vrai, qu'ils en usent rarement (4).

---

(1) La grande majorité des hommes. Mais c'est surtout leur nationalité qui peut soulever des difficultés, puisque les femmes suivent celle de leurs maris.

(2) C. civ. italien, art. 4 et 11.

(3) C. civ. espagnol, 1888, art. 17 et 19.

(4) Loi du 17 mai 1870, art. 4.

Allemands. — La plupart du temps, les Allemands nés en Algérie n'auront pas d'autre nationalité que la nationalité française. En effet, la nationalité allemande se perd par un séjour de dix ans à l'étranger. Les pères l'auront donc le plus souvent perdue, soit avant la naissance de leurs enfants, soit au moins avant leur majorité ; et, dans ce dernier cas, les mineurs suivent la condition de leur père (1).

Nous avons insisté sur la condition des individus nés en France de parents étrangers, parce que l'application de la nouvelle loi a, sous ce rapport, un intérêt capital en Algérie, mais sans offrir rien de particulier. Il en est autrement pour l'acquisition de la nationalité française. Elle est régie, en Algérie, tout à la fois par le droit commun et par une législation exceptionnelle. Il faut déterminer leurs domaines respectifs.

II. — *Acquisition de la nationalité française.*

La nationalité française peut s'acquérir : — par la naturalisation ; — par la réintégration ; — par une déclaration devant l'autorité compétente ; — par le mariage, pour la femme qui épouse un Français.

La naturalisation seule a fait l'objet du sénatus-consulte de 1865. Les autres modes d'acquisition ont toujours été réglés, en Algérie comme en France, par le Code civil. La nouvelle loi s'appliquera donc, sur ces différents points, en Algérie. Elle n'a d'ailleurs que légèrement modifié le Code.

La réintégration (C. civ., art. 18 et 19. N. R.) est réservée aux Français qui ont perdu leur nationalité. Cependant le bénéfice en est refusé à ceux qui ont pris du service militaire à l'étranger. Dans tous les autres cas, elle peut être accordée par décret sous une seule condition : l'établissement du domicile en France.

Le droit de réclamer la nationalité française par une déclaration devant l'autorité compétente est accordé, nous l'avons déjà dit, aux individus nés en France de parents étrangers, lorsqu'ils ne sont pas réputés Français de naissance. Il appartient aussi aux enfants nés de Français qui ont perdu cette qualité (C. civ., art. 10. N. R.). Ils peuvent l'exercer à tout âge, et même pendant leur minorité par l'intermédiaire de

---

(1) Loi du 1er juin 1870, art. 13 et 21.

leur père, de leur mère ou de leur tuteur; mais ils en sont déchus s'ils excipent de leur extranéité pour se faire rayer des listes du recrutement : cela revient à dire que, si ces individus sont nés et résident en France, c'est au moment de l'appel sous les drapeaux qu'ils doivent choisir entre la nationalité française et celle de leurs parents.

L'acquisition de la nationalité française produit, dans ces deux hypothèses, les mêmes effets qu'au cas de naturalisation : nous les retrouverons bientôt.

La naturalisation des étrangers en Algérie était, jusqu'à présent, soumise exclusivement au sénatus-consulte du 14 juillet 1865. La loi plus récente de 1867 ne s'était pas appliquée dans la colonie. La loi du 26 juin (art. 2) maintient en vigueur le sénatus-consulte; il ne faut pas croire cependant qu'elle n'ait rien changé aux règles de la naturalisation; elle est, en effet, applicable en Algérie, même en cette matière, sur tous les points que le sénatus-consulte n'a pas traités.

La loi règle les conditions et les effets de la naturalisation; le sénatus-consulte n'en règle que les conditions : la loi seule déterminera donc en Algérie les effets de la naturalisation; le sénatus-consulte n'en régira que les conditions; encore n'exclura-t-il pas entièrement l'application de la loi, qui peut se concilier avec lui toutes les fois qu'elle est plus favorable à la naturalisation.

Il faut ainsi distinguer les conditions et les effets de la naturalisation.

Conditions (C. civ., art. 8-5°. N. R.). — D'après la loi du 20 juin, la naturalisation est accordée aux étrangers, par décret, après enquête sur leur moralité. Ils doivent, avant de l'obtenir, avoir résidé en France pendant un certain temps : dix ans, trois ans ou un an, suivant les cas.

Tout étranger peut être naturalisé lorsqu'il justifie d'une résidence non interrompue pendant dix ans. — S'il avait été préalablement autorisé à fixer son domicile en France, la naturalisation peut lui être accordée après trois années; — Enfin, l'étranger qui a obtenu cette autorisation peut être naturalisé au bout d'un an : — s'il a épousé une Française; — s'il a rendu à la France des services importants, ou s'il a été attaché, à un titre quelconque, au service militaire dans les colonies et les pays de protectorat français; — et dans plusieurs autres cas où sa présence en France est considérée comme utile au pays, par exemple s'il y a créé des établissements industriels ou des exploitations agricoles.

Le sénatus-consulte diffère de la loi sous deux rapports principaux : — il permet à l'étranger d'obtenir la naturalisation après trois années de résidence en Algérie, même sans avoir été autorisé à y fixer son domicile ; — en revanche, il ne prévoit pas que ce délai puisse, en aucun cas, être abrégé et réduit à un an.

Le sénatus-consulte reste en vigueur : par conséquent, tout étranger pourra être naturalisé en Algérie après trois ans de résidence ; c'est là, du reste, sa principale disposition et celle qu'on a surtout voulu maintenir. On ne saurait, sans la contredire directement, exiger soit une résidence de dix ans, soit une autorisation préalable de domicile.

Mais la loi de 1889 est applicable en Algérie ; on doit l'observer toutes les fois qu'elle n'est pas incompatible avec le sénatus-consulte : les étrangers pourront donc être naturalisés, au bout d'un an, dans les cas fixés, lorsqu'ils auront été préalablement autorisés à établir leur domicile en France ou en Algérie. Cette hypothèse, en effet, n'est pas celle que le sénatus-consulte a prévue. L'abréviation du stage de résidence n'est pas contraire à son texte : il parle des étrangers simplement domiciliés en Algérie ; il s'agit, dans la loi, de ceux qui y sont domiciliés avec autorisation. Elle est encore moins contraire à son esprit ; le sénatus-consulte a voulu rendre la naturalisation plus facile en Algérie qu'en France ; il serait fort peu rationnel de se montrer en même temps plus sévère dans la colonie, et précisément envers ceux qui méritent le plus de faveur.

On fera peut-être une objection. Ces mêmes raisonnements auraient dû conduire à admettre en Algérie la naturalisation exceptionnelle après un an de résidence qu'avait introduite la loi de 1867 ; or on ne l'a jamais fait. Mais les lois de la métropole ne peuvent s'appliquer aux matières qui appartiennent à la législation spéciale de l'Algérie — et la naturalisation est du nombre — que si elles en manifestent expressément la volonté. La loi de 1867 était muette à cet égard ; la loi de 1889, au contraire, est, nous le savons, déclarée applicable à l'Algérie ; elle a donc une toute autre portée, et l'on ne peut, pour l'interpréter, tirer aucun argument de celle qui la précédée.

Enfin une dernière raison paraît ne pas laisser de doute sur les intentions du législateur. Une des circonstances qui permettent d'obtenir la naturalisation après un an de domicile est d'avoir été « attaché, à un titre quelconque, au service » militaire dans les colonies et les protectorats français. » Or il est impossible de croire que les auteurs de la loi n'aient pas songé précisément à l'Algérie et à la légion étrangère qui y tient garnison. Autrement, on aboutirait à cette conséquence singulière : les étrangers qui auraient servi la France en Tunisie pourraient être naturalisés après une année ; ceux qui auraient servi en Algérie ne le pourraient pas.

La France, d'ailleurs, ne peut trouver que des avantages à s'assimiler rapidement, lorsqu'ils en sont dignes, les étrangers qui, par leurs services, ou par les établissements industriels ou agricoles qu'ils fondent, contribuent à la prospérité de la colonie. Mais l'autorisation préalable de domicile sera bien rarement sollicitée en Algérie, et l'on aurait obtenu des résultats plus certains en ne l'exigeant pas. C'est ce que l'École de droit avait proposé dans le projet dont nous avons déjà parlé.

Effets (C. civ., art. 12 et 18. N. R. — Loi du 26 juin 1889, art. 3). — Le sénatus-consulte de 1865 ne parle pas des effets de la naturalisation ; il indique seulement, en termes généraux, qu'elle confère les droits de citoyen français. On a toujours suivi, sous ce rapport, les mêmes règles en Algérie qu'en France, et il faudra, par conséquent, appliquer la nouvelle loi. Les modifications qu'elle contient concernent : — 1º Les conséquences de la naturalisation relativement à la femme et aux enfants du naturalisé ; — 2º L'étendue des droits politiques qui lui sont reconnus.

1º Fidèle à son idée générale, la loi élargit les effets de la naturalisation à l'égard de la femme et des enfants mineurs de celui qui l'obtient.

Jusqu'à présent, au moins dans l'opinion que nous croyons la plus exacte, la naturalisation du mari n'avait pas d'effet pour sa femme. Désormais, celle-ci pourra, sur sa demande, être naturalisée par le décret qui confère à son mari la nationalité française, sans avoir à justifier personnellement d'aucun stage de résidence.

Les enfants mineurs avaient seulement le droit, en fixant leur domicile en France, de réclamer à leur majorité la nationalité de leur père ; désormais, ils deviendront de plein droit Français, en même temps que leur père ou leur mère. Mais la loi leur permet, comme aux enfants nés en France et aux mêmes conditions, de réclamer leur nationalité d'origine. Ils doivent faire cette déclaration dans l'année qui suit leur majorité, et, au plus tard, au moment de satisfaire à la loi du recrutement (1). La loi française se trouve ainsi, mieux

---

(1) Loi du 15 juillet 1889, art. 11.

que par le passé, en harmonie avec plusieurs lois étrangères, par exemple, avec celle de l'Allemagne, de l'Italie et de l'Angleterre, d'après lesquelles les enfants mineurs d'un père naturalisé à l'étranger doivent suivre sa condition.

Les enfants majeurs pourront, s'ils le demandent, obtenir la naturalisation par le même décret que leur père ou leur mère, mais sans aucune condition personnelle de stage. La loi du 7 février 1851 leur était plus favorable, puisqu'elle leur permettait de réclamer, dans l'année qui suivait la naturalisation, la nationalité de leur père.

2° La loi de 1889 rétablit, dans une certaine mesure, la distinction entre la grande naturalisation et la naturalisation ordinaire. L'étranger naturalisé ne peut être élu aux Assemblées législatives que dix ans après le décret de naturalisation, à moins qu'une loi spéciale n'abrège ce délai. Dira-t-on que cette restriction apportée aux droits politiques des naturalisés contredirait, en Algérie, le sénatus-consulte de 1865, qui leur accorde, sans exception, les droits de citoyen français ? Cette objection ne nous arrêtera pas. Le sénatus-consulte, en parlant, sans autres détails, des droits de citoyen, s'est référé aux lois qui en règlent l'exercice, qui déterminent, par exemple, les conditions d'éligibilité aux Chambres ; ce n'est pas sous ce rapport qu'il a entendu favoriser spécialement les étrangers en Algérie. D'ailleurs, c'est immédiatement après avoir dit (art. 2) : « Le sénatus-consulte de 1865 continuera à recevoir son application » que la loi ajoute (art. 3) : « Néanmoins l'étranger naturalisé n'est éligible etc... » Elle a donc eu en vue la naturalisation spéciale à l'Algérie, aussi bien que celle de droit commun, et il serait fort peu raisonnable d'établir, à cet égard, une différence entre elles.

Le décret du 13 août 1889 règle la procédure à suivre pour l'acquisition de la nationalité française : il s'appliquera en Algérie dans la même mesure et avec les mêmes distinctions que la loi dont il est le complément.

Pour la naturalisation ordinaire, régie par le sénatus-consulte de 1865, on suivra les formes actuellement en usage, d'après le décret du 5 mai 1866. L'art. 2 de notre loi, en effet, maintient en vigueur, avec le sénatus-consulte de 1865, les autres dispositions spéciales à la naturalisation en Algérie.

Pour la naturalisation exceptionnelle, accordée après un an de domicile autorisé, la réintégration, la réclamation de la nationalité française, régie par la loi de 1889, on suivra la procédure prescrite par le décret du 13 août.

Enfin, la femme ou les enfants majeurs doivent joindre leur demande de naturalisation à celle de leur mari, de leur père ou de leur mère. Les formes de cette demande accessoire seront donc les mêmes que celles de la demande principale, et réglées comme elles, suivant les cas, par la législation algérienne ou par le droit commun.

Avec la naturalisation des étrangers, le sénatus-consulte de 1865 a organisé celle des indigènes de l'Algérie. Notre loi n'a pas eu à s'en occuper, et cependant elle devra, croyons-nous, produire, même en cette matière, certaines conséquences indirectes. Le sénatus-consulte n'a pas prévu les effets de cette naturalisation pour la femme et les enfants mineurs. On suit, dès lors, les principes généraux applicables à l'acquisition de la nationalité française ; or ces principes sont modifiés, et la même analogie qui faisait considérer, jusqu'à présent, la naturalisation des indigènes comme individuelle nous conduit aujourd'hui à la solution contraire. Les enfants de l'indigène naturalisé, encore mineurs d'après la loi musulmane qui régit leur statut personnel, acquerront avec lui les droits de citoyen français. C'est, du reste, le système déjà suivi dans d'autres colonies : aux Indes françaises et en Cochinchine (1). Quant à la femme, la faveur que la loi lui accorde en la dispensant du stage personnel de domicile est sans objet en Algérie, et elle devra toujours solliciter elle-même la naturalisation.

§ II. — *Tunisie.*

La Régence de Tunis ne fait pas partie du territoire français et constitue toujours une souveraineté distincte. La loi du 26 juin 1889 ne s'appliquera donc pas en Tunisie. L'art. 2, qui la déclare applicable en Algérie et dans quelques autres colonies, ne mentionne pas et ne pouvait pas mentionner les pays de protectorat. Mais, d'un autre côté, placée sous le protectorat de la France, elle se rattache à ce pays par un lien qui ne permet pas de la considérer à tous égards comme un État étranger ; cela explique que, d'après le décret du 29 juillet 1887, l'indigénat ou la résidence en Tunisie remplacent dans une certaine mesure la résidence en France pour faire acquérir la qualité de Français.

___

(1) Décret du 25 mai 1881, art. 1.

Trois sortes de nationalité coexistent en Tunisie : la nationalité française, qui est celle de l'État protecteur ; la nationalité tunisienne, qui est celle de l'État protégé ; enfin les diverses nationalités étrangères. Sont étrangers ceux qui ne sont sujets ni de la France ni de la Tunisie. Nous rechercherons : 1° Quels sont, parmi les Européens nés en Tunisie, les Français d'origine ; 2° Comment les indigènes tunisiens et les étrangers domiciliés en Tunisie peuvent être naturalisés français.

I. *Français d'origine.* — La Tunisie n'est pas la France. La naissance sur le territoire de la Régence ne confère donc pas et ne permet même pas de réclamer la qualité de Français. Pour naître Français en Tunisie, il faut être issu de parents français. Les enfants de parents étrangers n'auront aucun droit particulier à la nationalité française, mais, comme nous allons le voir, l'acquisition de cette nationalité est facilitée à tous les étrangers.

II. *Naturalisation.* — On comprend aisément quel intérêt nous aurions à voir devenir Français les indigènes de la Tunisie et surtout les Européens qui y sont fixés ; mais on ne peut leur imposer, ni même leur attribuer d'office cette nationalité ; et il faut s'en remettre à leur bonne volonté — assez problématique du reste — pour profiter de la naturalisation que la France leur offre libéralement. Le décret du 29 juillet 1887 a organisé en Tunisie la naturalisation des indigènes et des étrangers ; la loi du 26 juin 1889 a abrégé le stage de résidence en France au profit des étrangers qui auront été attachés au service militaire dans les pays de protectorat.

A. *Décret du 29 juillet 1887* (1). — Ce décret règle seulement les conditions de la naturalisation en Tunisie. Nous devrons aussi en déterminer les effets.

Conditions. — Les conditions de la naturalisation pour les indigènes tunisiens et pour les étrangers rappellent, avec des différences importantes, celles que le sénatus-consulte de 1865 a établies en Algérie.

Les sujets tunisiens peuvent être naturalisés lorsque, pen-

---

(1) V. le texte de ce décret *Rev. Alg.* 1887. 3. 155. Les observations qui vont suivre s'appliquent également à un autre décret du 29 juillet 1887, relatif à la naturalisation au Tonkin et en Annam.

dant trois ans, ils ont servi dans les armées françaises de terre ou de mer, ou rempli des fonctions ou emplois civils rétribués par le trésor français. Ils peuvent même être naturalisés sans avoir servi dans ces armées ou rempli ces fonctions civiles, lorsqu'ils ont rendu à la France des services exceptionnels.

Les étrangers, domiciliés en Tunisie, peuvent être naturalisés en justifiant de trois ans de résidence soit en Tunisie, soit en France ou en Algérie et en dernier lieu en Tunisie. Ce délai peut être réduit à un an au profit de ceux qui auront rendu à la France des services exceptionnels, qui ne sont pas d'ailleurs autrement spécifiés.

La demande en naturalisation est adressée au contrôleur civil, qui fait une enquête et donne son avis, et le résident général la transmet, avec son avis, au ministre des affaires étrangères ; le président de la République statue par décret ; enfin la naturalisation des individus attachés au service de la France est affranchie de tout droit de sceau.

Ces conditions, on le voit, s'écartent notablement du droit commun.

D'abord — et c'est là le point capital — les sujets tunisiens ou les étrangers fixés en Tunisie, peuvent être naturalisés sans avoir jamais résidé sur le territoire français, dont la Régence ne fait pas partie. La résidence en Tunisie se trouve ainsi assimilée à la résidence en France ; elle produit même des effets plus étendus. L'étranger établi en France ne peut être naturalisé qu'au bout de dix ans, s'il n'a pas été autorisé à y fixer son domicile ; en Tunisie, comme en Algérie, il peut être naturalisé après trois ans de séjour. En France et en Algérie, la naturalisation exceptionnelle n'est accordée après un an de résidence que si l'étranger avait obtenu préalablement l'autorisation d'établir son domicile en France. Cette formalité n'est pas exigée en Tunisie.

Ces faveurs sont, en elles-mêmes, très justifiées. Sont-elles légales ? Cela est fort douteux. Les conditions qu'un étranger doit remplir pour acquérir la nationalité française sont fixées par la loi ; un décret ne peut pas les modifier. On objectera qu'on a toujours reconnu au chef de l'État le droit de régler par décret, dans les colonies et les pays de protectorat, même les matières qui sont de la compétence du pouvoir législatif ; mais, si cette pratique est légitime, c'est seulement dans le cas où les décrets ne doivent avoir d'effets que dans l'intérieur de la colonie ; or, la naturalisation acquise en Tunisie sera valable même en France. Le décret admet les Tunisiens ou les étrangers naturalisés « à jouir des droits de citoyen français, » sans ajouter : en Tunisie ; et, d'ailleurs, un même individu ne peut être Français en Tunisie et étranger en France ; la nationalité française est une, et celui qui l'a acquise peut partout en revendiquer les droits. Notre décret produira donc en France ses conséquences, conséquences qui, régulièrement, ne sauraient résulter que d'une loi ; cela est si vrai qu'un acte législatif seul — le sénatus-consulte de 1865 — a réglé la naturalisation en Algérie. Dans d'autres colonies on s'est contenté d'un décret, mais cet excès de pouvoir ne rend pas plus légitime celui qui, à notre avis, a été commis pour la Tunisie.

Nous ne prétendons pas, bien entendu, que le décret de 1887 doive être rapporté ; mais nous souhaitons qu'une loi le confirme de son autorité.

Effets. — L'art. 1er du décret déclare que les étrangers et les sujets tunisiens naturalisés jouiront des droits de citoyen français. Il faut même remarquer que, à la différence de ceux de l'Algérie, les indigènes de la Tunisie acquièrent non seulement les droits de citoyen, mais la nationalité française. Le texte ne s'explique pas autrement sur les effets de la naturalisation. Dès lors, on doit croire que ses auteurs ont voulu les régler d'après le droit commun. La naturalisation devait donc, en 1887, conférer immédiatement tous les droits de citoyen, et ne s'appliquer qu'au naturalisé seul : sa femme et ses enfants mineurs n'y étaient pas compris. Sur ces deux points, nous savons que la nouvelle loi a apporté des changements ; mais la loi ne s'applique pas en Tunisie ; quel système faut-il donc suivre à l'avenir ?

Une solution nous paraît tout d'abord certaine. Les étrangers et les indigènes tunisiens naturalisés ne sont pas immédiatement éligibles aux assemblées législatives, et n'acquièrent cette aptitude qu'après un délai de dix ans, qu'une loi spéciale peut réduire (loi du 26 juin 1889, art. 3). A cet égard, il importe peu que la loi ne soit pas faite pour la Tunisie ; c'est en France qu'elle s'appliquera, puisque les élections législatives n'auront lieu qu'en France ou dans les colonies. De plus, le texte qui restreint les droits de l'étranger ne distingue pas suivant les conditions dans lesquelles il a acquis la naturalisation. Enfin, comme nous l'avons déjà fait remarquer pour l'Algérie, à propos du sénatus-consulte de 1865, si le décret accorde les droits de citoyen aux étrangers ou aux Tunisiens naturalisés, ce ne peut être qu'en conformité avec les lois qui règlent la jouissance et l'exercice de ces droits ; d'ailleurs, il ne serait pas logique de les conférer d'une façon plus complète à ceux-là précisément dont la naturalisation offre le moins de garanties.

Quelles seront pour la femme et les enfants mineurs du naturalisé les conséquences de la naturalisation acquise en Tunisie ? La question est beaucoup plus douteuse parce que c'est en Tunisie même que ces conséquences doivent se produire. Il faut, croyons-nous, faire une distinction. Les enfants mineurs du naturalisé acquerront désormais, en Tunisie, la nationalité française ; sa femme et ses enfants majeurs ne pourront pas être naturalisés par le même décret sans satisfaire personnellement aux conditions requises de résidence. L'apparente contrariété de ces décisions se justifie aisément.

La dispense du stage de résidence, accordée à la femme et aux enfants majeurs, est sans doute une conséquence de la naturalisation du mari ou du père, mais leur naturalisation est cependant distincte de la sienne, puisqu'elle nécessite de leur part une demande particulière ; or, pour qu'ils pussent, en Tunisie, obtenir la naturalisation sans remplir les conditions exigées par le décret de 1887, il faudrait que la loi nouvelle eût sinon dérogé, du moins ajouté à ce décret, ce qui est inadmissible, puisqu'elle ne s'applique pas en Tunisie.

Au contraire, les enfants mineurs acquièrent la nationalité française sans avoir besoin de la demander ; c'est pour eux un effet immédiat de la naturalisation de leur père. On peut l'admettre sans rien ajouter au décret, qui ne s'est pas expliqué sur ces conséquences. Il suffit d'attribuer à la naturalisation toute la portée dont elle est susceptible, et rien ne paraît plus conforme à la volonté du législateur, qui, en introduisant en Tunisie la naturalisation, lui aura donné son étendue normale. Au surplus, il faudra réserver, comme en France, aux enfants mineurs le droit de réclamer à leur majorité leur nationalité d'origine. La déclaration se fera devant les juges de paix ou les agents qui en remplissent les fonctions (1).

Cette solution, certaine, à notre avis, dans l'état actuel de la législation, est en soi fort peu satisfaisante. Il n'y a pas de bonnes raisons pour donner à la naturalisation d'autres effets en Tunisie qu'en France. C'est un motif de plus pour réclamer en cette matière l'intervention de la loi.

B. *Loi du 26 juin 1889*. — La nouvelle loi n'a pas mis fin à la situation peu régulière qui existe en Tunisie. Elle ne s'est pas approprié, pour les confirmer, les dispositions du décret de 1887 ; elle ne les a pas non plus abrogées. Toutefois, la con-

---

(1) Décret du 13 août 1889, art. 6.

dition des étrangers fixés dans nos protectorats n'a pas entièrement échappé à l'attention du législateur ; il a voulu aussi
leur faciliter l'acquisition de la nationalité française.

« Peuvent être naturalisés :

» Les étrangers admis à fixer leur domicile en France après
» un an... s'ils ont été attachés à un titre quelconque.
» au service militaire dans les colonies ou les protectorats
» français. » (C. civ., N. R. art. 8, 5°.)

Ainsi, pour l'étranger qui a été attaché au service militaire
en Tunisie, le stage de résidence peut être réduit à un an,
mais pourvu qu'il ait été autorisé à fixer son domicile en
France. A première vue, il semble que cette disposition n'ait
pas d'intérêt, et que, en l'inscrivant dans le Code, on ait oublié
l'existence du décret de 1887, qui est beaucoup plus favorable
à la naturalisation ; il n'exige, en effet, aucune autorisation
de domicile, et se contente d'une simple résidence, non pas
même en France, mais en Tunisie, résidence qui peut être ré-
duite à un an. Cependant ces deux dispositions ont chacune
leur intérêt particulier.

L'application de la loi sera utile à certains étrangers qui ne
pourraient pas demander celle du décret. En effet, le décret
permet d'accorder la naturalisation aux étrangers résidant
en Tunisie au moment où ils la sollicitent ; ceux qui ayant
servi en Tunisie sans être naturalisés sont venus s'établir en
France n'en auraient plus le bénéfice ; ils pourront, au contraire, profiter de la loi de 1889 pour obtenir la nationalité
française, s'ils sont, au moment de leur demande, domiciliés
en France depuis un an, avec autorisation du gouvernement.

La loi se montre même, sur un point, plus facile que le
décret ; elle réduit le stage de résidence à un an en faveur des
étrangers qui ont été attachés au service militaire en Tunisie ;
pour leur accorder cette réduction, le décret exige qu'ils
aient rendu à la France des services exceptionnels. Il y a plus :
la loi permet même de naturaliser ces étrangers sans qu'ils
aient eu en France de résidence effective. D'après l'art. 8 C.
civ. (N. R.), emprunté d'ailleurs à la loi de 1867, le séjour en
pays étranger pour l'exercice d'une fonction conférée par le
gouvernement français est assimilé à la résidence en France.
Le service militaire est une fonction, au moins pour les offi-
ciers ; peut-être cette expression ne s'applique-t-elle pas bien
aux soldats, mais on ne peut distinguer entre les uns et les
autres. On se conforme donc à l'esprit de la loi, sans s'écarter
de la lettre, en attribuant au service militaire dans les armées

françaises à l'étranger le même effet qu'à l'exercice de fonctions civiles. L'étranger qui sert en Tunisie dans notre armée et qui désire devenir Français peut donc solliciter l'autorisation d'établir son domicile en France ; un an après l'avoir obtenue, si, pendant ce temps il a continué d'appartenir à l'armée, il pourra être naturalisé bien qu'il n'ait pas achevé les trois ans de résidence qu'impose le décret de 1887 (1).

Il est à peine besoin de dire que les effets de la naturalisation seront alors ceux que détermine la loi du 26 juin. La femme du naturalisé pourra donc devenir Française par le même décret que son mari, sans remplir personnellement aucune condition de résidence.

---

(1) Cette disposition de la loi du 26 juin s'inspire d'une proposition de loi déposée à la Chambre le 10 juin 1886, d'après laquelle les étrangers qui avaient fait partie de l'armée française dans les colonies ou pays de protectorat pouvaient être naturalisés sans aucune condition de domicile.